W0467008

Baumstarke Deko

das sind unsere lustigen Figuren aus Baumstämmen, die Ihre Haustür schmücken und jeden Besucher freundlich empfangen. Mit etwas Farbe und Moosgummi verzaubern Sie schnell und einfach jeden Baumstamm zu einem echten Hingucker. Und nicht nur vor der Haustür, auch auf Balkon, Terrasse und im Garten, auf der Fensterbank, im Blumenkasten oder auf dem Tisch begeistern die lustigen Gesellen.

Also, ran an die Baumstämme, Pinsel und Farben und das Basteln kann beginnen! Viel Spaß dabei und gutes Gelingen wünschen

Martina Schröder und Marion Vogel

Die Motive lassen sich in folgende Schwierigkeitsgrade unterteilen:

●○○ einfach ●●○ etwas schwieriger ●●● anspruchsvoll

IHRE GRUNDAUSSTATTUNG

- Tonkarton in Weiß, 80 g/m² oder Schreibmaschinenpapier (für Schablonen)
- Moosgummi, 2 mm stark
- Bastelfarbe
- Ölkreide
- Naturbast
- Schleifenband
- Holzhalbkugeln
- Deko-Schneepaste
- Deko-Eis
- Hologrammflimmer
- Folienkleber und Folie
- UHU Alleskleber Kraft
- Heißkleber
- Pinsel
- Baumwolltuch
- Bleistift und Radiergummi
- wasserfester Stift in Schwarz
- Cutter mit Schneidunterlage
- Schere
- Kreis- oder Motorsäge oder einen guten Freund, der so etwas hat und natürlich Baumstämme, Baumstämme, Baumstämme

Genaue Materialangaben werden bei den einzelnen Objekten angegeben.

Vorlagen übertragen

Alle benötigten Motivteile mit dem Schreibmaschinen- oder Tonkarton ohne Überschneidungen vom Vorlagenbogen abpausen und sorgfältig ausschneiden. Fertig ist die Schablone. Die Schablone auf das Moosgummi legen, Umrisse mit

dem Bleistift nachmalen und dann alles ausschneiden. Teile gemäß der Vorlage und dem Foto zusammenkleben.

Achtung: Bei doppelseitig gearbeiteten Teilen wird die Schablone für die Rückseite vor dem Aufzeichnen gewendet, also seitenverkehrt aufgemalt.

Schattieren von Moosgummi

1 Alle Motive lassen sich schnell und einfach mit Ölkreide effektvoll schattieren. Mithilfe der angefertigten Schablonen alle Teile auf das Moosgummi zeichnen und diese dann ausschneiden.

2 Nun alle Zierlinien und Konturen mit der Ölkreide direkt auf das Moosgummi malen. Anschließend die Ölkreide tüchtig mit dem Finger verreiben, damit erzielt man schöne Effekte. Zum Bemalen bitte an den Abbildungen orientieren.

Brushen

Für das „Brushen" etwas Farbe auf einen trockenen Borstenpinsel geben und diesen auf einem Küchenkrepp tüchtig ausstreichen, sodass kaum noch Farbe im Pinsel ist. Nun mit dem Pinsel an den gewünschten Stellen die Farbe auftragen.

Tipp: Beim Schattieren der Holzstämme einfach ein grobes Baumwolltuch über den Zeigefinger legen und damit mehrmals über die Ölkreide wischen. Nun kann die Kreide direkt auf das Gesicht gerieben werden.

Baumstarke Tipps

- Wir haben die „baumstarken" Türsteher aus Birkenholz gearbeitet, das Freunde von uns – Liane und Peter – für ihren Kaminofen lagern. Vielleicht haben Sie ja auch so liebe Freunde, die Ihnen ein paar Stämme abtreten. Sonst versuchen Sie es beim örtlichen Forstamt, bei Landwirten oder schauen Sie einfach nach „Kaminholz". Natürlich kann auch jede andere Holzart verwendet werden. Für die Gestaltung der Gesichter müssen die Stämme schräg geschnitten werden. Wir haben uns für einen Winkel von 45 Grad entschieden.
- Dafür benötigen Sie eine Kreis- oder Motorsäge – oder nette Freunde, die die Stämme zusägen. Die angegebene Höhe der Stämme können Sie jedoch auch ganz nach Ihrem persönlichen Geschmack variieren.
- Bemalt haben wir die Türsteher sowie die hautfarbenen Ohren einiger Figuren mit Bastelfarbe (Acryl-Mattfarbe). Alle weiteren Teile sind aus Moosgummi (2 mm stark) gearbeitet, das Schattierungen und Zierlinien mit Ölkreidestiften erhält.
- Um eine wetterbeständige Verklebung zu erhalten, empfiehlt sich UHU Alleskleber Kraft mit Heißkleber zu kombinieren. Der Heißkleber fixiert die anzuklebenden Teile sofort und der Kraftkleber ist nach dem Trocknen wetterbeständig.

Glockenblümchen

→ erste Frühlingsboten

MATERIAL

- Baumstamm, ø 12 cm, 40 cm hoch
- Bastelfarbe in Weiß, Aprikose, Orange, Rot und Schwarz
- Ölkreide in Weiß und Dunkelgrün
- Moosgummi in Blau, 2 mm stark, A3
- Moosgummi in Hellgrün, 2 mm stark, A4
- Holzhalbkugel, ø 2,5 cm
- Aludraht in Silber, ø 2 mm, 1 x 80 cm und 4 x 15 cm lang

VORLAGENBOGEN 1A

1 Die Schnittfläche des Baumstamms in Aprikose grundieren und mit Orange brushen.

2 Die Holzhalbkugel rot grundieren und nach dem Trocknen die Marienkäferpunkte und die Körpermitte mit Schwarz aufbringen. Das Gesicht aufmalen und den Käferkörper als Nase auf den Baumstamm kleben.

3 Alle Moosgummiteile zuschneiden, mit Ölkreide schattieren. Den Blütenkelch in Weiß, den Stängelansatz und die Blätter in Grün. Den Blütenkelch als Hut zusammenkleben und aufsetzen. Die Haarfransen ankleben.

4 Die blauen Moosgummidreiecke von der breiten Seite zur Spitze hin aufrollen und mit Klebstoff fixieren. Den Anfang nicht zu eng rollen, um noch den Aludraht durchziehen zu können.

5 Nun die Blätter und Rollen auf den langen Draht ziehen und ihn in unterschiedlichen Abständen spiralförmig aufdrehen. Als Kette um den Hals legen und die nach der Vorlage gebogenen Drahtschnecken anhängen.

Tipp: Dieses Glockenblümchen gedeiht auch in schattigen Gärten und ist garantiert pflegeleicht.

Lustiges Federvieh

→ da lachen ja die Hühner

MATERIAL

- Baumstamm, ø 10 cm, 50 cm hoch
- Bastelfarbe in Weiß
- Ölkreide in Weiß, Orange und Schwarz
- Moosgummi in Rot, 2 mm stark, A3
- Moosgummi in Gelb, 2 mm stark, A4
- 2 Glashalbperlen in Schwarz, ø 8 mm
- Bund Naturbast in Natur
- Marabufedern in Weiß

VORLAGENBOGEN 1A

1 Die Schnittfläche des Baumstamms weiß grundieren, die Glashalbperlen als Augen aufkleben und mit der schwarzen Ölkreide die Zierlinien aufbringen.

2 Die Moosgummiteile zuschneiden und mit Ölkreide schattieren.

3 Das Unterteil des Schnabels aufkleben, das Oberteil etwas gewölbt daraufsetzen. Den Kamm auf Gesicht und Hinterkopf fixieren.

4 Unten um den Baumstamm den Bast knoten und noch einige Federn einkleben.

Tipp: **Gestalten Sie kleine Baumstämme nur mit gelbem Gesicht und kleinem Schnabel in Orange. Schon hat das Huhn süße Küken.**

Hattu Möhren?

→ Frohe Ostern

MATERIAL

- Baumstamm, ø 12 cm, 70 cm hoch
- Bastelfarbe in Weiß, Schwarz und Braun
- Ölkreide in Weiß, Rot und Schwarz
- Moosgummi in Orange, Hellgrün und Braun, 2 mm stark, A4
- Moosgummirest in Gelb, 2 mm stark
- Holzhalbkugel, ø 2,5 cm
- Bund Naturbast in Grün

VORLAGENBOGEN 1B

1 Die Schnittfläche des Baumstamms braun und die Holzhalbkugel schwarz grundieren.

2 Nach dem Trocknen das Gesicht aufmalen und die Nase fixieren.

3 Alle Moosgummiteile zuschneiden, mit Ölkreide schattieren, zusammenkleben und auf dem Holzstamm anbringen.

4 Zum Schluss den Bast um den Hals knoten und die drei Möhren aus Moosgummi ankleben.

Tipp: **Mit diesem netten Hasen ist schon die Vorfreude auf Ostern riesengroß!**

Sag's mit Blumen

→ ich mag dich

MATERIAL PRO MARGERITE

- Baumstamm, ø 5 cm, 15 cm hoch
- Bastelfarbe in Weiß, Gelb, Orange, Rot und Schwarz
- Moosgummi in Weiß, 2 mm stark, A5
- Moosgummirest in Hell- und Dunkelgrün
- Glitterpen in Weiß irisierend
- 3D-Lack in Transparent

VORLAGENBOGEN 1A

Abbildung und Beschreibung auf Seite 10.

WEITERFÜHRUNG

Sag's mit Blumen

1 Die Schnittfläche des Baumstamms gelb grundieren, orangefarben brushen und das Gesicht aufmalen.

2 Die Blütenblätter aus Moosgummi zuschneiden und etwas überlappend um das Gesicht kleben.

3 Schmale grüne Moosgummistreifen als Blätter hinter der Margerite fixieren. Mit dem Glitterpen Konturen auf die Blütenblätter malen und mit 3D-Lack die Tautropfen aufbringen. Trocknen lassen!

Tipp: Die kleinen Blüten eignen sich auch wunderbar als kleines Mitbringsel und Dankeschön.

Holzige Tischdekoration

→ zum Mitnehmen für liebe Gäste

MATERIAL PRO STIEF-MÜTTERCHEN

- Baumstamm, ø 4 cm, 10 cm hoch
- Bastelfarbe in Weiß, Gelb und Schwarz
- Ölkreide in Orange, Violett und Dunkelgrün
- Moosgummi in Gelb, 2 mm stark, A5
- Moosgummirest in Hell- und Dunkelgrün, 2 mm stark
- Holzhalbkugel, ø 2 cm
- 3D-Lack in Transparent

VORLAGEN-BOGEN 1A

1 Die Holzhalbkugel gelb grundieren, vom Rand her mit Ölkreide in Orange schattieren und das Gesicht aufmalen.

2 Alle Moosgummiteile zuschneiden und die gelben Blätter mit Ölkreide in Orange schattieren. Die drei kleineren Blätter zusätzlich zur Blütenmitte hin in Violett schattieren. Die Blüte auf der Schnittfläche des Baumstamms zusammenfügen und die Gesichtshalbkugel mittig darauf setzen.

3 Die grünen Blätter noch mit grüner Ölkreide bemalen und hinter die Blüte kleben.

4 Abschließend mit 3D-Lack noch einige Tautropfen aufbringen. Trocknen lassen!

Blumenkind

→ für sonnige Zeiten

MATERIAL

- Baumstamm, ø 12 cm, 45 cm hoch
- Bastelfarbe in Weiß, Aprikose, Orange, Braun und Schwarz
- Ölkreide in Orange, Dunkelgrün und Braun
- Moosgummi in Gelb und Hellgrün, 2 mm stark, A3
- Holzhalbkugel, ø 2 cm

VORLAGENBOGEN 1B

1 Die Schnittfläche des Baumstamms und die Holzhalbkugel in Aprikose grundieren und mit Orange brushen.

2 Das Gesicht aufmalen, die Nase aufkleben und an der Außenkante um das Gesicht kleine Punkte mit Bastelfarbe in Braun und Orange aufbringen.

3 Alle Moosgummiteile zuschneiden und die gelben Blütenblätter mit Ölkreide in Orange und Braun schattieren. Die grünen Blätter bekommen dunkelgrüne Schattierungen.

4 Um das Gesicht etwas überlappend eine Reihe großer gelber Blütenblätter und darauf die kleineren fixieren. Zum Abschluss die grünen Blätter dahinter platzieren.

Tipp: **Basteln Sie doch eine ganze Blumenparade aus Holzstämmen. Verwenden Sie für die Blüten auch Moosgummi in Rot, Orange oder Blau.**

Wie Hund und Katz'

→ wir mögen uns

MATERIAL KATZE

- Baumstamm, ø 12 cm, 40 cm hoch
- Bastelfarbe in Weiß, Grau, Grün und Schwarz
- Ölkreide in Weiß, Rot und Schwarz
- wasserfester Stift in Schwarz
- Moosgummi in Grau und Rot, 2 mm stark, A3
- Moosgummirest in Schwarz, 2 mm stark
- Aludraht in Silber, ø 2 mm, 6 x 12 cm lang
- Bindedraht in Kupfer, ø 0,3 mm
- 2 Mausefallen

HUND

- Baumstamm, ø 14 cm, 45 cm hoch
- Bastelfarbe in Weiß und Schwarz
- Ölkreide in Rot und Schwarz
- Moosgummi in Weiß, 2 mm stark, A3
- Moosgummirest in Rosa und Schwarz, 2 mm stark
- Filz in Blau, 35 cm x 80 cm

VORLAGEN-BOGEN 2A+4B

Katze

1 Die Schnittfläche weiß grundieren und mit grauer und schwarzer Farbe das getigerte Fell brushen. Nach dem Trocknen die Augen aufmalen.

2 Die grauen Moosgummiteile ausschneiden, die Schattierungen mit der Ölkreide und die Zierlinien mit dem schwarzen Stift aufbringen. Die Aludrahtstücke in Form biegen und als Barthaare in die Schnauze stecken und auf der Rückseite ankleben.

3 Alle Teile anbringen, den Schwanz von hinten nach vorne um den Baumstamm legen und fixieren.

4 Für das Halsband sechs rote Moosgummistreifen (1 cm x 42 cm) zuschneiden, immer zwei aneinander kleben, sodass drei Streifen von 84 cm Länge entstehen. Diese an einem Ende mit Bindedraht zusammenfassen, flechten und das andere Ende ebenfalls mit Bindedraht zusammenfassen. Die überstehenden Enden fransig einschneiden und das Halsband umbinden.

5 Zwei Mausefallen mit spiralförmig aufgedrehtem Bindedraht am Baumstamm dekorieren.

Hund

1 Die Schnittfläche weiß grundieren, das Gesicht aufmalen und mit roter und schwarzer Ölkreide brushen.

2 Alle Moosgummiteile zuschneiden, mit der Ölkreide schattieren und aufkleben. Darauf achten, dass der Hinterkopf von hinten am Baumstamm befestigt wird.

3 Das Halstuch zuschneiden und umknoten. Abschließend noch den Knochen anbringen.

Das Hochzeitspaar

→ ein Bund fürs Leben

MATERIAL

BRAUT

- Baumstamm, ø 10 cm, 40 cm hoch
- Bastelfarbe in Weiß, Aprikose und Schwarz
- Ölkreide in Rot
- Moosgummi in Weiß, 2 mm stark, A3
- Bund Naturbast in Natur
- Bindedraht, ø 0,3 mm
- Tüllband in Weiß, 7 cm breit, 14 x 50 cm, 4 x 80 cm und 1 x 1 m lang
- Satinband mit Tupfen in Weiß, 2,5 cm breit, 80 cm und 1 m lang
- Bastelkleber
- Hologrammflimmer in Perlmutt

BRÄUTIGAM

- Baumstamm, ø 13 cm, 45 cm hoch
- Bastelfarbe in Weiß, Aprikose und Schwarz
- Ölkreide in Rot und Weiß
- Moosgummi in Schwarz, 2 mm stark, A3
- Moosgummirest in Weiß, 2 mm stark
- Glitterpen in Silber
- Bund Naturbast in Schwarz
- Bindedraht, ø 0,3 mm
- Satinband mit Tupfen in Weiß, 2,5 cm breit, 50 cm und 40 cm lang

VORLAGENBOGEN 2B

Braut

1 Die Schnittfläche des Baumstamms in Aprikose grundieren, mit der Ölkreide in Rot brushen und das Gesicht aufmalen.

2 Für die Haare den Bastbund auf eine Länge von 30 cm kürzen und nach 5 cm mit Bindedraht zusammenfassen. Oben auf den Baumstamm kleben, sodass ringsherum Bastfransen sind. Nun die Haare angleichen und einen Pony schneiden.

3 Die Moosgummiblüten zuschneiden, die Kontur mit dem Bastelkleber nachziehen und Hologrammflimmer auf den noch feuchten Kleber streuen. Trocknen lassen!

4 Alle 50 cm langen Tüllstreifen zur Hälfte falten und auf Bindedraht aufziehen. Den so entstandenen Rock um den Baumstamm binden.

5 Die 80 cm langen Tüllstreifen um den Haarschopf knoten. Auf das Satinband (80 cm) vier Moosgummiblüten aufziehen, ebenfalls um den Haarschopf legen und mit einer Schleife verknoten.

6 Auf das Satinband (1 m) acht Blüten ziehen und über dem Rock mit einer Schleife zusammenbinden. Abschließend noch zwei Blüten im Haartüll befestigen.

Bräutigam

1 Die Schnittfläche des Baumstamms und die zugeschnittenen weißen Moosgummi-Ohren in Aprikose grundieren. Bei den Ohren die Schnittkanten nicht vergessen!

2 Das Gesicht aufmalen und mit der Ölkreide brushen.

3 Den Bast mit Bindedraht zusammenfassen und als wilden Haarschopf wie bei der Braut aufkleben.

WEITERFÜHRUNG

Das Hochzeitspaar

4 Alle Moosgummiteile zuschneiden, Zylinder und Ohren schattieren und anbringen. Den Kragen um den Baumstamm legen, hinten zusammenkleben und die Weste darüber setzen. Die Kragenspitzen etwas herunterbiegen und fixieren.

5 Aus dem 40 cm langen Satinband eine Schleife legen, mit Bindedraht zusammenfassen und vorne auf den Kragen kleben.

6 Zum Schluss die Knöpfe mit dem Glitterpen aufmalen und das Band um den Zylinder binden.

Der pechschwarze Rabe

→ kann auch Glück bringen

1 Die Schnittfläche des Baumstamms schwarz streichen, gelb brushen und dann das Gesicht aufmalen.

2 Alle Moosgummiteile zuschneiden. Die schwarzen Teile mit weißer Ölkreide schattieren. Die Füße orangefarben und den Schnabel mit Orange, Rot und etwas Schwarz bemalen.

3 Den Schwanz hinten an den Baumstamm kleben, die Flügel seitlich und die Füße unter der Standfläche fixieren.

4 Das Schnabelunterteil aufkleben und das Oberteil gewölbt darüber.

5 Den Federschopf mit zwei kleinen Stückchen Moosgummi als Abstandshalter auf die Stirn kleben.

Tipp: **Basteln Sie Raben in verschiedenen Größen. Die Vorlagen einfach passend zu den kleineren Stammgrößen verkleinern.**

MATERIAL

- Baumstamm, ø 10 cm, 45 cm hoch
- Bastelfarbe in Weiß, Gelb und Schwarz
- Ölkreide in Weiß, Orange, Rot und Schwarz
- Moosgummi in Schwarz, 2 mm stark, A3
- Moosgummi in Gelb, 2 mm stark, A4

VORLAGENBOGEN 3A

Gärtnerglück

→ ich bin im Garten

1 Die Schnittfläche des Baumstamms in Aprikose grundieren, mit dunkelroter Farbe brushen und das Gesicht aufmalen.

2 Für die Haare den Bast auf eine Länge von 25 cm kürzen und nach 5 cm mit Bindedraht zusammenfassen. Oben auf den Baumstamm kleben, sodass ringsherum Bastfransen sind. Nun die Haare angleichen und einen Pony schneiden.

3 Den Strohhut auf den Kopf setzen, die Hutkrempe etwas hochbiegen und fixieren und die Blüten und Blätter anbringen.

4 Die Moosgummischürze zuschneiden, zusammensetzen und die Zierlinien mit der Ölkreide aufbringen. Die Schürze ankleben und hinten die beiden Schürzenbänder verknoten, alles mit Klebstoff sichern.

5 Zum Schluss noch einen kleinen Tontopf an den Bast anbinden und einen mit Bast gefüllten Topf in die Schürzentasche stecken.

MATERIAL

- Baumstamm, ø 13 cm, 45 cm hoch
- Bastelfarbe in Weiß, Aprikose, Dunkelrot und Schwarz
- Ölkreide in Orange und Schwarz
- Moosgummi in Grün, 2 mm stark, A3
- Moosgummirest in Gelb, 2 mm stark
- Strohhut, ø 20 cm
- Bund Naturbast in Orange
- Naturbastrest in Natur
- 2 Sonnenblumenblüten mit Blättern, ø 5 cm und ø 8 cm
- Bindedraht, ø 0,3 mm
- 2 Tontöpfe, ø 3,5 cm

VORLAGENBOGEN 3A

Drei freche Wichtel

→ im Zwergenwald

MATERIAL PRO WICHTEL

- Baumstamm, ø 10 cm, 40 cm hoch
- Bastelfarbe in Weiß, Aprikose, Schwarz und Dunkelrot
- Ölkreide in Schwarz
- Moosgummi in Rot, Hellgrün oder Blau, 2 mm stark, A4
- Moosgummirest in Weiß, 2 mm stark
- Bund Naturbast in Natur
- Bindedraht, ø 3 mm
- Filz in Gelb, Rot oder Blau, 13 cm x 70 cm (Halstuch der Wichtelfrau) oder 35 cm x 80 cm (Dreieckstuch)

VORLAGENBOGEN 4B

1 Die Schnittfläche des Baumstamms sowie die zugeschnittenen weißen Moosgummi-Ohren in Aprikose grundieren. Bei den Ohren die Schnittkanten nicht vergessen! Das Gesicht aufmalen und mit der dunkelroten Bastelfarbe brushen.

2 Die Zipfelmütze aus Moosgummi zuschneiden, zusammenkleben und mit der schwarzen Ölkreide schattieren.

3 Für die Haare 8 cm lange Baststücke zuschneiden und immer acht Stück mit Bindedraht zu einem Bündel zusammenfassen. Die Bündel nebeneinander oben an die Kante des Gesichts kleben und die Mütze darauf setzen. Die Ohren in Augenhöhe seitlich am Kopf fixieren. Nun noch das Dreieckstuch zuschneiden und umknoten.

4 Wichtel mit Bart: Auch für den Bart Bastbündel anfertigen und unter dem Mund aufkleben.

5 Wichtelfrau: Zwei Bastzöpfe (30 cm lang) flechten, oben und unten Fransen stehen lassen, die oberen umknicken und die Zöpfe so aufkleben, dass die Fransen unter der Mütze noch hervorschauen. Das Filztuch (13 cm x 70 cm) umknoten und die Enden in gewünschter Länge mit einer Schere abrunden.

Kleine Hexe

→ gefällt das ganze Jahr

MATERIAL

- Baumstamm, ø 10 cm, 40 cm hoch
- Bastelfarbe in Weiß, Aprikose, Dunkelrot, Grün und Schwarz
- Ölkreide in Weiß, Orange, Dunkelgrün und Schwarz
- Moosgummi in Hellgrün und Schwarz, 2 mm stark, A3
- Moosgummi in Schwarz, 2 mm stark, A4
- Moosgummirest in Weiß und Gelb, 2 mm stark
- Holzhalbkugel, ø 2 cm
- Bund Naturbast in Rot
- Bindedraht, ø 0,3 mm
- Aludraht in Silber, ø 2 mm, 50 cm lang

VORLAGEN-BOGEN 3B

1 Die Schnittfläche des Baumstamms in Aprikose grundieren, mit dunkelroter Farbe brushen und das Gesicht aufmalen. Die Holzhalbkugel als Nasenunterbau aufkleben.

2 Für die Haare das Bastbund auf eine Länge von 30 cm einkürzen und nach 5 cm mit Bindedraht zusammenfassen. Oben auf den Baumstamm kleben, sodass ringsherum Bastfransen sind. Nun die Haare angleichen und einen Pony schneiden.

3 Alle Moosgummiteile zuschneiden. Ohren und Nase mit Farbe in Aprikose grundieren. Die Schnittkanten nicht vergessen! Alle Teile mit der Ölkreide schattieren. Die Nasenspitze zusammenkleben und um die Holzhalbkugel auf dem Gesicht fixieren. Die Ohren seitlich am Kopf ankleben.

4 Die Katze zusammensetzen, bemalen und am Baumstamm anbringen.

5 Die Hutspitze an den vorgegebenen Linien leicht anritzen, zum Dreieck zusammenkleben und auf der Hutkrempe anbringen. Die Hutbandteile aufkleben, auf das längere Stück die Schnalle ziehen und so fixieren, dass es seitlich etwas über die Hutkrempe hängt.

6 Nun den Hut und die aus Aludraht gebogene Brille aufsetzen.

Tipp: **Der Baumstamm als Hexe passt prima in die Herbstzeit und zu Halloween, kann aber auch zur Faschingszeit dekoriert werden.**

Der Schneemann

→ mir ist kalt!

MATERIAL

- Holzstamm, ø 14 cm, 45 cm hoch
- Bastelfarbe in Weiß und Schwarz
- Ölkreide in Rot
- wasserfester Stift in Schwarz
- Deko-Schneepaste
- Deko-Eis
- 2 Styroporkugeln, ø 8 cm
- Moosgummi in Schwarz, 2 mm stark, A3
- Fimo® in Orange
- Filz in Rot, 45 cm x 50 cm
- Chenilledraht in Rot, ø 9 mm, 30 cm und 15 cm lang
- 2 Pompons in Rot, ø 5 cm

VORLAGEN-BOGEN 4A

1 Die Schnittfläche weiß grundieren und das Gesicht mit dem Stift aufmalen. Das Wangenrouge mit der Ölkreide aufbringen.

2 Um das Gesicht und auf die beiden Styroporkugeln Deko-Schnee auftragen und auf die noch feuchte Paste Deko-Eis streuen. Nach dem Trocknen die Arme seitlich am Stamm ankleben.

3 Den ganzen Block Fimo® zur Möhre formen, nach Herstellerangaben im Backofen aushärten und als Nase aufkleben. Noch etwas Deko-Schnee mit Deko-Eis aufbringen.

4 Die Mütze nach Skizze arbeiten. Den doppelten Umschlag mit Kleber fixieren, dann die Mütze rund zusammenkleben und die Fransen mit Bindedraht zusammenfassen. Das kurze Stück Chenilledraht darum legen und auf den Umschlag noch Deko-Schnee mit Deko-Eis aufbringen.

5 Auf die beiden Enden des längeren Chenilledrahts je einen Pompon kleben und als Ohrenschützer an den Kopf kleben.

6 Für den Schal zwei Streifen Filz (22,5 cm x 50 cm) zuschneiden und aneinander kleben, die Enden fransig einschneiden und um den Hals knoten.

Tipp: Wie forme ich eine Möhre? Zuerst eine dicke Wurst rollen, die eine Seite dann dünner rollen, das breitere Ende auf die Arbeitsunterlage drücken und die ganze Möhre etwas zusammenstauchen. Drücken Sie mit einem Zahnstocher einige Querrillen ein.

Schneeflöckchen

→ frostige Gesellen

MATERIAL PRO SCHNEE-FLÖCKCHEN

- Baumstamm, ø 7 cm, 40 cm hoch
- Bastelfarbe in Weiß, Hellblau und Schwarz
- Moosgummi in Weiß, 2 mm stark, A4
- Moosgummi in Blau, 2 mm stark, A5
- Moosgummirest in Hellblau, 2 mm stark
- Metallic-Folie in Silber
- Folienkleber
- Deko-Schneepaste
- Deko-Eis
- Bindedraht in Silber, ø 0,3 mm

VORLAGEN-BOGEN 4A

1 Die Schnittfläche des Baumstamms weiß grundieren und mit blauer Farbe brushen. Das Gesicht aufmalen. Für die Nase und die Sommersprossen, sowie auf die zugeschnittenen blauen Sterne Folienkleber auftragen. Nach Herstellerangaben trocknen lassen und dann die Metallicfolie aufbringen. Auf die weißen Sterne und auf das Eiskristall Deko-Schnee als Kontur auftragen und sofort Deko-Eis einstreuen. Trocknen lassen!

2 Moosgummistreifen (5 mm) in verschiedenen Längen und Farben zuschneiden, mittig mit Bindedraht bündeln und auf die Stirn kleben.

3 Das Eiskristall und den großen Stern zusammenfügen und von hinten am Baumstamm fixieren. Nun noch das Sternenauge und die weiteren kleinen Sterne anbringen.

Tipp: **Die Schneeflöckchen können Sie wunderbar in einen Blumentopf mit Tannenreisig dekorieren. Falls es noch keinen Schnee gibt, benutzen Sie doch künstlichen Schnee für die Deko.**

Der Nikolaus

→ Ho, Ho, Ho

MATERIAL

- Baumstamm, ø 13 cm, 45 cm hoch
- Bastelfarbe in Weiß, Aprikose, Rot und Schwarz
- Ölkreide in Schwarz
- Moosgummi in Weiß, 2 mm stark, A3
- Moosgummi in Rot, 2 mm stark, A4
- Wattekugel, ø 4 cm, halbieren
- Deko-Schneepaste
- Deko-Eis
- wasserfester Stift in Schwarz

VORLAGENBOGEN 4A

1 Die Schnittfläche des Baumstamms in Aprikose grundieren, mit roter Farbe brushen und das Gesicht aufmalen.

2 Alle Moosgummiteile zuschneiden. Bart, Haare und Mütze mit etwas schwarzer Ölkreide schattieren.

3 Auf den Pelzbesatz und den Bommel Deko-Schnee auftragen und sofort Deko-Eis aufstreuen. Nach dem Trocknen alle Teile zusammenfügen und auf die Figur kleben.

4 Die Wattekugelhälfte rot anmalen, einen weißen Lichtpunkt aufbringen und als Nase auf dem Schnauzbart fixieren. Nun noch mit dem wasserfesten Stift den Mund aufmalen.

Der Engelschor

→ vom Himmel hoch, da komm ich her

MATERIAL PRO ENGEL

- Baumstamm, ø 4 cm, ca. 11-14 cm hoch
- Bastelfarbe in Weiß, Aprikose und Schwarz
- Ölkreide in Hellrot
- Moosgummi in Gelb, 2 mm stark, A5
- Alu-Prägefolie in Gold, 0,15 mm stark, 3 x (0,5 cm x 20 cm)

VORLAGENBOGEN 4B

Abbildung auf Seite 32.

1 Die Schnittfläche des Baumstamms in Aprikose grundieren, mit roter Ölkreide brushen und das Gesicht aufmalen.

2 Die Folienstreifen um einen Bleistift zur Spirale wickeln, mittig miteinander verdrehen und auf den Kopf kleben.

3 Die Flügel und Sterne aus Moosgummi zuschneiden, mit Ölkreide schattieren und an der Figur befestigen.

Der Engelschor

Beschreibung auf Seite 30.

DIESES BUCH ENTHÄLT 4 VORLAGENBOGEN

IMPRESSUM

FOTOS: frechverlag GmbH, 70499 Stuttgart; Fotostudio Ullrich & Co., Renningen
DRUCK: frechdruck GmbH, 70499 Stuttgart

Auflage: 5. 4. 3. 2.
Jahr: 2008 2007 2006 2005 2004 [Letzte Zahlen maßgebend]

ISBN 3-7724-3266-2
Best.-Nr. 3266